오늘의문학시인선 358

다시 산이 된 다랑논

채운 양동길 시집

오늘의문학사

국립중앙도서관 출판시도서목록(CIP)

다시 산이 된 다랑논 : 채운 양동길 시집 / 지은이: 양동길.
-- 대전 : 오늘의 문학사, 2015
p. ; cm. -- (오늘의문학시인선 ; 358)

ISBN 978-89-5669-710-9 03810 : ₩10000

한국 현대시[韓國現代詩]

811.7-KDC6
895.715-DDC23 CIP2015028495

다시 산이 된 다랑논

詩作

환경호르몬에 심하게 노출됐나
애가 잘 안 생긴다
어쩌다
정갈한 마음에, 태교에
공들여 나와도
온전한 놈이 없다

—

이끌어 주시고
물심양면으로 격려해주신 여러분
고맙습니다.
특히 출판비를 지원해 주신 ㈜통일S&S
전추길 사장님께 감사드립니다.

채운 양동길 올림

■ 차례

제4부 빨래터

제5부 자배기 사랑

제6부 길가에서

제7부 안골축제

제8부 산행

제1부

순이

순이

천지조화天地調和가 알고 보면 쉽고 우스울지 모르나, 새겨보면 헛된 것 하나 없고 그 깊이를 헤아리기 어렵도다. 한갓 미물이라도 반드시 존재이유와 생존가치가 있어, 저마다 생명으로 살아남을 방도를 갖고 있구나. 목숨 붙은 모든 생명체들 본능적 지혜는 참으로 탁월하여라. 환경이나 변화에 잘 적응하는 놈이 살아남는 것인지라, 일러 무엇 하랴만, 살아가는 모양새를 한번 살펴볼라는가?

새는
날기 위해 뼈 속 비우고
사막지대 사는 낙타
등에 지방 저장하여
환경 어려우면 활용하고
물떼새를 비롯한 몇몇은
위급한 상황에 놓인
제 새끼 구하려
적 앞에서 부러진 양
날개를 축 늘어뜨리고
다리를 절뚝절뚝
천적을 자신에게 유인하고
생쥐가

병에 든 기름 먹을 제
꼬리 넣고 휘휘 저어
조심스레 꺼내 빨고
해달은
거친 파도에 떠내려가지 않게
칭칭
캘프(kelp)를 몸에 감고
벌렁 누워 자는구나
맛 좋은 조개 먹을 적이
배위에 돌 올리고
조개를 탁탁 내리쳐
꽉 다문 껍질 깨서
쫄깃한 속살 먹것다
검은댕기해오라기
미끼 놓아 먹이잡고
먹잇감 잘 다니는 곳에
그물 치는 거미로다

거참 놀랍구나. 입을 다물 수 없지 않은가? 이렇듯 제각각 사는 지혜가 높고 깊은데, 만물의 영장이라 자부하는 사람만은 어리석기 그지없네. 지식은 차고 넘치는데 지혜는 형편없다 이 말이여. 사람만이 다른 생명에 대한 배려와 애정을 갖는 것인데, 저 좋은 대로 지랄발광이라. 세상천지 숨 쉬는 것들 중 자연의 순리를 거스르는 것은 사람밖에 없구나. 지혜 없는 지식은 말짱 허당이요, 저주 아니겠는가? 독이 안 되면 천만다행이로다. 자연에 대한 무모한 도전의 결과를 전설속의 아틀란티스나 바벨탑에서, 마야, 잉카, 아테네 등 사라진 문명들의 흔적에서 찾아보면 어떨까나?

인자는 지구상에 벌어지는 일들, 관심 있는 모든 사람들이 거의 동시에 알지. 아는 것뿐인가? 서로 공감하고 함께 공유하는 시절이라. 생명이 있는 모든 것들이 더불어 아름답게 사는 문제를 고민하고 실천하는 시대로다. 생각의 틀을 바꾸고, 보다 큰 비전과 지혜를 발휘해 보자꾸나.

위험천만한 곡예만 하고 있으니 속이 시커멓게 타는구나.
인간들 만행을 슬쩍 볼작시면.

400만 정도 살면
적당한 땅덩이에
70억이 웬 말인가
인구폭발 끝이 없고
편히 살려 움직이면
무지막지 에너지라
화석연료 모두 태워
하늘 가려 이상기온
오존층 뚫려 피부암
뒤틀린 땅 우당탕탕
하늘에서 우르르르
바닷물은 뒤집히고

이상기후 각종 재난
끊길 날이 가없구나
잘 살려 애쓴다며
기아에 허덕이다
잃는 생명 부지기수라
저 혼자 잘 살겠다
다른 생명 삶의 터전
들어내고, 까뭉개고
당장 눈앞에 보이는
먹거리 얻겠다고
지구 허파 아마존
거침없이 파헤치고
난 개발에 환경파괴
천지가 몸살이라
지 살 잘라내는구나
지 무덤 파는구나

인간의 파렴치를 어찌 다 이를까만. 독불장군獨不將軍 광기가 위기를 부르는구나.

오랜 세월, 엄청난 문명의 발전에도 변함없는 것이 가난뱅이 어려움이라. 다른 게 있다면, 그때는 너나없이 어려웠다는 것이로다. 왜놈들이 싹싹 쓸어가 남은 것 하나 없는 마당에 삼년씩이나 전쟁이니, 사는 게 오죽 했겠는가? 그런데, 생명이 있는 것들은 자식을 통해 살아남는 것인지라. 아무리 삶이 팍팍해도

할 짓은 다 하는구나. 정도 차는 있겠지만, 난리통에도 애들은 골목골목 생기더라.

사변事變 끝나고, 나라에 또다시 무슨 일 벌어질까, 입대入隊 하는 자식들 죄다 장가보내 씨받아 놓았는데. 그즈음 순이도 덩달아 고운 얼굴 세상에 내밀었구나.

다섯째 딸이로다
힘 좋은 아버지
원앙금슬 사랑 덕에
동생도 넷이나 생겼는디
고대하던 망태기 단 놈은
영영 나오지 않는구나
좋은 이름은
호적에나 올리고
붙들이, 분이, 딸그만이, 후남이라 불리는
계집, 간나, 가시나, 여자 애들뿐이로다

아녀,
지 새끼
곱지 않은 놈이 어디 있으랴
세상 나올 때 지 밥그릇 차고 나온단
무책임한 발상이지
손에 물마를 틈 없고
애 안고 있다 보니

어미는 폭삭 늙어 할미가 되었구나

애들 얘기가 나왔으니 말인디, 적게, 둘만, 하나만, 많이 낳아라. 짧은 세월에 나라 정책 오락가락, 한 여름 장맛비라.

소신 있는 사람이 되고 싶다
적게 낳아 잘 기르면 부모 좋고 자식 좋다
하루 앞선 가족계획 십년 앞선 생활 안정
딸 아들 구별 말고 둘만 낳아 잘 기르자

한 부모에 한 아이 이웃간에 오누이
잘 기른 딸 하나 열 아들 안 부럽다
생명은 하나 선택이 아닌 사랑으로

하나의 촛불보다 여러 개의 촛불이 더 밝습니다
엄마, 아빠 혼자는 싫어요
하나 보다 둘, 둘 보다 셋이 더 행복합니다

그나저나 그저 숨 쉬니까 사는 거지 사는 게 사는 게 아니었구나. 제대로 된 집은 말할 것도 없고, 입을 것이 마땅키나 한가? 먹을 것조차 변변치 못한 시절이라. 그저 개똥밭에 굴러도 이승이 좋은 것이라 믿고 살았던 것이라.

죽 먹기가 일수로다
호박풀대 끓인다

늙고 못생긴 호박에다
잡곡 한 종지 풀어 넣고
가마솥 가득 물을 부어
퉁퉁 불어 푹 퍼지게
오래오래 휘휘저어
열 서넛 대식구가
정신없이 먹는구나

주린 배 채던 구황음식
어느 날 쳐다보니
근사한 호텔 테이블
차고앉아 거드름

고구마, 감자
무밥, 올챙이국수
불지 않아도 날아다니는
꽁보리밥 감지덕지
명절이나 생일 돼야
가마솥에 쌀 한 종지
살살 흔들어
어른들만 들였는디
얼마나 먹고 싶었으면
얼른 어른 되고 싶었으랴

그 거친 밥

참으로 껄끄러워
열무김치, 푸성귀에
잘 익은 고추장
듬뿍 넣고 썩썩 비벼
보릿고개 눈물이라

한겨울 냉기 머금은
보리밥 먹어야
더위 피할 수 있고
성인병 예방에 좋다나
각기병 방지하고
변비를 막는다고
대우받는 시절이라

시골엔 무엇이나
허기 달래고 어를
정갈한 먹거리 있지
도회지 가난뱅이
길거리에 버려진 것
마구 주워 먹거나
쓰레기통 뒤지거나
남의 것을 훔쳤구나
고난의 행군이라나
북한 꽃제비가
꼭 그 모양이로다

배급 나온 강냉이 죽
받아다 먹거나
미군들 먹다 벌인
찌꺼기 모아 끓인
꿀꿀이 죽 먹을라치면
항다반사恒茶飯事
담배 필터 씹히고
군화 가죽도 나오고
냅킨도 나왔다네

지구 한쪽에선
기아에 대책없이
엄청 죽어 나가는데
웰빙이다
위생이다
맛이다
까칠하게 가리는구나

참으로 새옹지마塞翁之馬요 상전벽해桑田碧海라. 나물먹고 물 마시고 팔을 베고 누웠으니 그 안에 즐거움이 있다 운운하던 공자孔子도 차마 어찌 상상키나 하였으랴? 그때가 지금과 비교가 될까마는 암울하다 못해 뵈는 게 없었어라.

앞날이 깜깜하던
건너말 춘삼이

추적추적
봄비 나리는 날
언덕배기 매어놓은
제집 전 재산
암소 두 마리 끌고
소리 없이 사라졌네
그 애 아버지
선술집 모서리
돌아서서 거하게
막걸리 한 사발
주먹크기 목젖
오르내리며, 꿀꺽꿀꺽
삼복三伏에 황소 물 마시는 소리
이웃들 가슴이 함께 젖는구나

그러던 그가 서울 인근에 엄청난 화원 일궈, 커다란 농장주인 되었는데, 한숨이 축복이요, 쏟은 눈물 행운이라.

간호사로 독일 간
큰언니 덕분에
중학교는 다녔는데
고등학교 진학 접고
동네 선머슴 되어
똥지게, 물지게
가리지 않고

옹골차게 저 나르다
언니 노릇하려
도회지로 나섰겄다

방직공장
쉬지 않고 돌리는
기계 보듬으며
삼교대로 근무하면
벌건 눈 늘 가렵고
종아리 퉁퉁 부었어라

산업체 학교에서
저는 저대로
남은 공부
등잔불에 책 들여다보고
몽당연필 침 발라 쓴
어린 시절 비하면은
왕후장상王侯將相 호강이라
십분의 일 용돈 쓰고
모은 돈 집에 보내
찌든 살림 보태주고
동생들 학비 대 주었네
오랜 가뭄 장대비요
긴 장마에 햇빛이라

순이 뿐이랴. 누구나 참 바삐 살고 알뜰히 살았어라. 남정네들 쉬하고 거시기 털 시간도 없었구나. 집은 그저 하숙집이요, 눈뜨고 보낸 대부분은 직장이라.

해외 출장이 잦던
이웃집 잘난 황씨
어쩌다 돌아와 보면
봄날 상위에 오른
향기로운 봄나물인가
낯선 아이가 예사로
밥상 앞에 앉아 있네

억척스런 게 어디 가나. 시집가서 자식들 교육이며 가족 건강 뒷바라지에 온 몸을 내 던졌지. 뻔뻔함에 막무가내, 아줌마들 상징이라 비아냥대지 마라. 용감함의 상징이요. 그 강인함이 조폭과 동급이라. 가장 향기로운 재물은 땀에 젖은 것이로다. 땀이 뭔지도 모르고, 손 안 대고 코푼 것들이나 갑질이요, 멋 부리지. 순박함 그 자체 아닌가?

양반다리 하고 앉아
삼겹살 상추에 싸 먹을 적
쥔 마음이야 쓰리건 말건
기차화통 삶아 먹은 소리
고래고래 불러대어
상추고 마늘이고

남아나는 게 없구나

일로 다진 넓은 어깨
휘젓는 탄탄한 팔뚝
파마한 곱슬머리
눈치 안 보는 질펀한 수다
숨넘어가는 웃음소리
식당이 들썩이네

돌아오는 버스안에
눈에 띄는 빈자리
손가방 던져놓고
사람 앉은 긴 의자
엉덩이부터 들이밀지

아무렇게나 내박쳐져
제 멋대로 자란 설움
하나 둘 자식일이면
모든 일 제쳐두고
가리지 않고 다하네
치맛바람 아니라
지극한 정성바람

IMF(International Monetary Fund)위기
실직 남편 기 죽지마라

처진 등 두드리고
3D(Dirty, Difficult, Dangerous)업종
일용직이면 어떠랴
산업현장 뛰어들어
가정을 지키고
나라를 지켜냈네

지극정성 부모공양
혹독한 시집살이
모두 다 이겨내니
푸대접에 외면 받는
바로 앞 세대 엄니들과
가슴 저린 비운세대

이제는 손주들 뒷바라지에 늙은 삭신 주저 없이 내주는구나. 걸핏 하면 나라발전에 공헌했단 사람, 왜 이리 많은가? 아무 말 말거라. 거들먹거리지도 말거라. 소리 없이 제자리 지킨 야문 사람들 땜에 오늘 날 대한민국이 이리 빛나는 것이로다. 그 중에도 으뜸이 여인들이라.

세계 237개국 중 모든 분야에서 10위 내외를 하는구나. 네 덕 내덕 뉘 덕 하니 바로 딸내미, 계집, 며느리, 어머니, 아줌마, 할매로 불리는 여인네들 덕이로다. 남정네들 입만 벌리면 지들이 잘 혀 세상 좋아졌다 난린데, 들여다보면 모다 여자들 덕이로구나. 한강의 기적 아닌 대한민국 여인네 기적이라. 그들 모

두 박씨전朴氏傳 박씨 부인이요, 백년전쟁서 프랑스 구한 잔 다르크로다.

오대양 육대주 드높은 명성
하늘 찌를 무소불위無所不爲 권력
백두산, 한라산만한 부에
항우장사 완력 있어도
그 앞에
모든 사내 무릎 꿇나니

행복은 아름다움에 있는 것이요
그 아름다움을 만드는 것이 사랑이라
사랑은 인류의 구원이요 생명이니
사랑이 차고 넘치는
여인은
고난을 이겨내는 원동력이요
역사 이어줄 무한한 생명력
행복 화수분이라
인류의 행복 또한
그가 그린 크기에 비례하노라

* 동구문학·16, 2015.

제2부

책상다리 하고

허세

과수댁 댓돌 위
가지런히 놓인
남정네 흰 고무신

*논산문학·20, 2012.

누명

어느 때 보다 화창한 늘봄
92세 된 아버지께서
세상을 등지셨다
환갑을 넘나드는 누님들
우리 막내가
장가도 안 가고 속 썩여드려
돌아가셨단다
늦둥이 외아들
석삼년이면 육십이다

* 논산문학·23, 2015.

사랑 연역법

한 발짝 떨어져 봐야
전체가 보이죠
돌아보아야
남은 반이 보여요
때로는
사랑도 그렇지요

* 논산문학·23, 2015.

불도佛道

해거름에
불자들 집으로 향하고
탁발승 절로 가네요

때 되면
공양간에 모이고
번뇌 쌓이자
해우소로 가지요

* 논산문학·20, 2012.

해탈

공기놀이 하는
어린애 등에
환하게 웃는 아기

* 동구문학·13, 2012.

공염불

싸리문 안에 한 발 들이민
탁발승 두드리는 목탁
축원일까
참선 수행일까
그저 각설이 타령일까

보기 좋거나
듣기 좋으면
조롱박이 달라질 뿐
눈을 아래로 떨군 아낙
염불은 들리지 않네

* 논산문학·23, 2015.

불전함

불상 아래
연꽃문양 복대하고
입 벌리고 앉아 있다

무소유 미소에
바람 없는 선방
향불연기 하늘하늘
촛불이 흔들린다

무애정진无涯精進
참선參禪이
천연덕스럽다

화장장火葬場

죄 지은 것도 없건만
눈, 코, 귀 다 틀어막아
아무도 없는 외진 곳으로
끌고 가누나

나그네로 맺은 인연因緣들
한사코 따라나서
서로서로
가슴을 적시누나

이십여 년 공들이고, 아주 잘하면
칠십여 성상星霜 세간世間을 떠돌다
두 시간이면 한줌 재로 남아
그마저 흙으로 돌아가누나

이승을 서성이던 고뇌가
굴뚝 높이 오르더니
천상에서 소풍 나온 천상병千祥炳 만나
머리 풀고 서성이며 세상을 돌아보누나

* 수통골연가·9, 2011.

눈 위에 쓴 시

하얗게 덮인 길을
조신하게 걷습니다

지난 자리 흩어진 발자국
율동적이라 우겨보지만
서툴고 흔들린 것
누구나 알지요

가다가
글을 써 보고 그림도 그리네요
바람에 흩날려, 띄엄띄엄
흔적이 보이다
봄을 기다릴 여유도 없이
스르르 사라집니다

그렇거니
너나없이 시를 씁니다

* 논산문학·20, 2012.

오해

시장 후미진 곳에
좌판 벌이고 십여 년
목 좋은 사거리 모퉁이
멋진 과일가게 마련하신
우리 막내고모
돈 좀 만져 보셨지요

나이 들어
소일거리 찾다
배운 게 도둑질이라고
다시 좌판 벌리셨지요
나름 심오한 노하우로
판 벌릴 때마다
남보다 먼저 팔아 치운다고
신바람 자랑에
사방팔방 침이 튀기죠

그늘 벗어던진
편안하고 후덕해 보이는
맑은 얼굴이
지나는 사람
끌어들이는 것을 모르시지요

어설픈 광대

얼떨결에 오른 무대
시나리오 모르니
역할을 알 리 없어요
연출자를 몰라
스스로 알아서 하지요
운이 좋으면
무대를 내려 설 때
어렴풋이 알기도 합니다
확실하게 아는 것은
기회가 단 한번뿐이란 사실
연습이 없으니
연기력이 좋을 리 없죠
나름 열심히 하지만
누구나
언제나
감동을 주는 것은 아닙니다
아름다운 것도 아니지요
그저 끝날 때까지
관객보다 출연자가 많은 무대에
막이 내릴 때까지 늘 섭니다

자신의 무대에 서는 것은
크나 큰 행운이지요

길

누가 가는 길인들
비바람 몰아치지 않으랴
누구와 가는 길인들
반듯한 손질된 길만 있으랴
함께 가면 더 멀리 가고
편안할 뿐
참된 길은
길속에 있다네

* 논산문학·23, 2015.

토악질

여기저기 튼 똬리는
여물지 못한 열정
치열한 삶의 흔적
바닥을 기어다니는
숱한 고뇌
변기통 끌어안고 하는
고독한 인생 상담
도 닦는 이만 아는
또 다른 번뇌

* 논산문학·23, 2015.

제3부

고라니 생각

망둥어

썰물이 훑고 지난
진흙갯벌 숨구멍
망둥이 튀어 올라
무너진 집을 손질합니다
밀물 때 다시
잠길 것을 알지만
껑충껑충 뛰고 놉니다
집을 옮기지 않는 것은
그것이 삶이기 때문입니다

우리는
파도에 맞서 방조제를 만듭니다
무너질수록
더 높이 성처럼 쌓습니다
성벽이 안전하다고 믿다가
쓰나미 한번에
수많은 생명을 잃지요
성이 높아질수록
파도도 커지기 때문입니다

*동구문학·12, 2011.

고라니 생각

우리 마을에 와서 인간들 놀 듯
사람들 일구어 놓은 밭에도 가고
하룻밤 신세도 진 마을 어귀 노적가리
서로 바라보는 것만으로도 즐거웠지

자꾸만 영역을 넓히더니
살던 집이며 밭, 동산, 길
다 까뭉개 놓고
지들 집 짓는다
놀이터 만든다
길을 낸다
참 심술도 무지 사납네

뿔뿔이 흩어진 혈족들
아예 사라지거나 섬이 된 이웃 마을
힘들고 죽을 맛이라도
인간들 미워 한 적 한 번 없지

얘기나 해 보려고 인간 세상 나갔다
길 잃고 사람들 웃음거리 되어
먹을 것을 찾으러 내려왔다

수놈끼리 영역 싸움하다 밀려났다
부질없이 나열된 저들 생각
하루가 멀다 하고 인간 소식통에 나돈다네

동영상이나 사진 속
만신창이 된 알몸에
답답한 속내 담은 큰 눈
끔벅이고 있는 내 친구들

* Eco—NEWS Letter·3, 2011.

멧돼지의 푸념

북쪽 주산에 좌청룡 우백호라
바로 뒤쪽에 작은 혈 있어
잔바람 막아 주면
집으로 딱이지
활엽수 촘촘히 서 있는 데다
가시덤불, 칡넝쿨 십여 장 덮였으면
손 볼 것도 없어야
그 앞 조금 트여 온종일 햇빛 들고
오가는 사람 보기 쉬면 더 바랄게 없지

이제, 사람 발길 닿지 않는 곳
그런 터 잡기는 불가능하지
찬바람 막아 주고 부은 몸 감추면
감지덕지야, 게다가
맘에 맞는 벗 하나 만나 지내면
심심산속 맴돌며 그냥저냥 살만하지

새끼들 예닐곱 생기면 문제가 된다오
먹을 것이 턱없이 부족하거든
어쩔 수 없이 사람동네 찾게 되지
잘 못 되면 죽을 것 뻔히 알면서

낯선 곳으로 앞장서 산을 내려가지
금쪽 새끼들 먹여 살려야 할 것 아녀
못 견디게 배고프면
모두 눈동자에 핏발이 서지

농사일이나 망치는 개망나니로
내 몰지 마시게
고구마 밭을 좀 헤집은 적은 있지
그렇다고 밭떼기로 파헤치진 않았어
우리 터 송두리째 짓밟고
모이면 잡아 죽일 생각들만 하나봐
망가트린 산은 어쩔겨, 그도 부족해
우리 먹을 나무 · 풀뿌리는 왜 다 캐가누
나눠 먹으며 더불어 살자구나
어려우면 영역 나누어 주던가
굶주린 새끼들 보노라면 뵈는 게 있어야지

황소울음

부들이 너른 늪 지키는데
뜬금없이 황소울음 들린다
우람한 덩치, 큰 소리에
논배미 지키던 참개구리
너나없이 뒷걸음

우족탕 보다 진한 뽀얀 국물
만세탕이라나
보양식으로 최고라고
이제 갓 꼬리 뗀 놈들까지 다 잡아
씨가 마른다더니

사타구니 식은 땀 말린다
허약한 아이들 약으로 먹이던 시절
단백질 부족 메우려 들여온
북아메리카 가장 큰 개구리
토종 다 잡아 먹어
먹이사슬 왜곡된다
다양성 헤친다
생태계 파괴된다

이래저래 잡아 없애는
개구리 토벌단
더불어 잘살아보자
다문화가정 프로그램
땅거미 짙어진다

산이 된 다랑논

지어미 치마폭 붙들고 기어오르는
젖먹이
후미진 골짜기 따라 올라
빗물 가둬야 모심고
가래질, 나래질
지게질에
천덕꾸러기
찌든 살림
솔솔 위안이었지

목 좋으면 길나고
후미진 곳에 남아
노구에 감당할 수 없는
버려진 농사일
다시 산이 된 다랑논
멋대로 자란 억새 사이
쉐엑 쉐엑
목메는 바람
천식에 시달리는 아버지 숨소리

*한남문학, 2012.

땅의 우울증

여기저기 할퀸 스트레스 가시기 전
시멘트 뒤덮어 숨을 쉴 수 없다네
뜬 눈으로 시달리다
만성피로로 열이 오르고
치열한 삶의 흔적들로 피멍이 들지
대낮에도 등불 든 빌딩 숲
어둠이 거리를 누비고
허공조차 썩어가니
입맛마저 잃었다네
별 중에 별이 되고 싶었는데
새로운 잉태는 꿈도 못 꾸지
못 견디게 아플 때 파발을 띄우지만
아무런 응답이 없네
무기력한 외로움에
베르테르 읽지 않았지만
자살을 생각하지
자신을 딛고 선 모든 생명들
무던히 사랑한다네

* 한남문학, 2012.

쇠똥구리

땅이 쩍쩍 갈리는 뙤약볕 아래
엉덩이 높이 들고 교묘히 돌리지
누굴 유혹할 생각 추호도 없다오
하늘도 땅도 내 발안에 있다네

세상에 제일 거친 먹거리
스스로 민망하여 거꾸로 보는 세상
일 할 땐, 늘 하늘을 보고 살지
똥 범벅 온 몸으로 마음은 태양을 빚네

뱃속 가득 담고 다니며 깨끗한 척 하는
사람 것은 오수처리장으로 몰아가고
수입쇠고기 먹느라
집집마다 키우던 소, 하나 둘 사라지더니
그나마 있는 것
사료 먹고 내 갈겨 신선치 못한데
항생제에 살균제 덮어써
먹을 수가 없다네

멸종위기 2급 지정은 왜 하나
땅이 살고 풀숲 무성히 우거져
소나 말 풀어 놓으면
그냥 우리 천국인데

어둠이 내려 지워진 세상
은하수에게 길을 묻고
은하수 보고 길을 찾네

*스웨덴 룬드대 마리 데크(Marie Dacke) 박사는 어둠 속에서 쇠똥구리가 길을 찾는 비결은 '은하수'에 있다고 밝혔다.

생태마을

자연의 최대 천적은 외고집 인간
볼만한 구경거리, 즐길 것 있으면
재빨리 턱 차고 앉아 망나니 주인 행세

마을이 들어서면 생태는 사라지고
송두리째 앗아간 수천 생명 삶의 터전
떠나면 못 돌아오는 불임의 마을

언덕배기 돌로 쌓고 길은 시멘트 덮어
재해를 불러들이는 흐트러진 물 · 들 · 뫼
스스로 정화 못하는 불구의 마을

신은 끊임없이 자연을 만들고
사람들은 자꾸자꾸 덧칠 하나니
더 없이 빠른 손길에 떨리는 마을

생태마을이라 분칠한 생태파괴마을
자투리땅 모로 앉은 뜨거운 가슴
한 생명 더불어 지는 소중한 미래

*문학사랑·108, 2014 여름.

갈등

그제 밤에 멧돼지 가족이
씨알 좋은 고구마 밭을 헤집었네
속앓이로 뒤척이는 한 밤, 달그림자
추녀 아래 몸을 숨길 때
슬슬한 앞마당에
고라니 한 쌍이 사랑놀이
아내는 잠을 잊고 환상에 젖네
여기저기 칡덩굴, 등나무
등대고 한 몸이라 우기네

* 문학사랑·109, 2014 가을.

대청호 누드

사람 손길 닿기 전에는
깊은 속까지 보였지요
처음부터 가리지 않았어요
길 따라 모양을 낼뿐
가두지도 않았지요

서성이던 나무들이
우르르 몰려와
허튼 머리 감으며
졸음 쫓는 봄날

숨기고 감싼 사람들 사이
생명의 근원에만 거웃을 붙이고
활보하는 나무

들을 때마다 다른 느낌의 시나위
볼 때마다 달리 보이는 광대놀이

몸도 마음도 모두 벗으라 하네요

*동구문학·13, 2012

제4부

빨래터

자랑

문설주 아래
이리저리 드리운 금줄
왼새끼에 꽂힌
시뻘건 고추
온 고을 함께 엮이는
커지는 바람

* 동구문학·13, 2012.

지난 여름밤

서산 넘은 해가 땅거미 거두면
뜰 안 가득 차고앉은 여름밤
약속도 없이 등 떠밀려
둥구나무 아래 멍석을 편다네

모깃불 연기 서너 번 쓸고 지나면
개다리소반에 얹혀 온
얼음 띄운 열무국수 한 저붐
온 동네사람 지친 몸을 달랜다네

우물에 담가뒀던 수박을 쪼개
찐 감자도 내오고
쑥개떡도 나누고
막걸리 사발도 돌린다네

뉘 것 뉘 덕이면 어떠랴
나눌수록 정겹고 따사로운 것
아직 많이 남은 여름을
서로서로 알뿐이라네

길가에 풀벌레
앞산 마루 멧새소리
깊어가는 여름밤
다 헤진 살부채도 더없이 살갑다네

* 논산문화·2009 여름, 권두시.

고향집

아이들 웃음소리 질펀했던
마을 어귀 들어서면
산등성이 억새풀 마냥 길을 가리고
그 위로 낙엽이 쌓이고 쌓여
내딛는 발짝마다 푹푹 빠지더이다

아무렇게나 무너져 내린 토담 너머
양껏 자란 잡초 마당
유난히 검고 굽은 허리 힘겹게 세우고
가장자리로 무심히 서있는 감나무 아래
외로움 토해낸 핏자국인 양
아무도 탐내지 않는 홍시紅柿가 떨어져
이리지리 점점이 얼룩져 있더이다

먼지 얼룩진 마루 위
몇 개 부러져 구멍 난 창살 사이로
짙은 어둠 쏟아져 나오고
지난날 부산함 잊은 채
을씨년스럽게 벽에 걸린 소쿠리, 삼태기
마지막 숨 가다듬고 있더이다

남아 있는 잎새마저 위태로운
늦가을 뜨락으로
아직은 찬란한 햇빛 부서져 내리고
한결 푸른 하늘과 맞닿아
한없이 숙연해지는 마을
돌아서는 등골에
싸늘한 바람 막무가내 꽂히더이다.

* 부여시·2, 2008.

빨래터*

— 김홍도의 풍속화 감상

날 풀리고 봄 물 녹아내리자
하나 둘 함지박 이고 나와
물가에 둘러앉는다
속 고쟁이야 뵈던 말던
치마 한껏 걷어 부치고
썩썩 비누 문대
시집살이 설움 바르고
지난밤 아쉬운 춘정도 없어
사정없이 두드린다
물에 발 담그고
옷가지 휘휘 휘둘러
살림살이 쥐어짜듯
흔들어 가며 꼬아 짠다
젖통 부여잡고 보채는 젖먹이
아무렇게나 뒤로 밀치고
풀어헤친 긴 머리 손질하며
모양내기 정신없다
입은 입대로 구시렁구시렁
온 동네 이야기 마구 섞인다
정겨운 웃음소리 고샅을 누빈다

남정네들 사랑방보다 더 속 깊은
이야기꽃이 만발하는 곳
산정말 빨래터
너럭바위 뒤에서
백옥 같은 허벅다리 속살 훔쳐본다
납작 엎드려 눈에 불을 켜고 본다

오늘은
검은 물길마저 자취를 감춘
텅 빈 빨래터
부질없이 봄바람만 맴돈다
숨지 않아도 보는 이 없다

*빨래터 (김홍도 그림, 종이에 담채, 27x22.7cm, 국립중앙박물관)
*월간 훈올문학, 2010.

찬바람 이는 초가

새벽을 흔드는
뒤꼍 대숲 참새소리
세상이 기지개 켠다

아궁이에 솔가지로 지핀
윤기 자르르 한 가마솥 밥
산해진미가 따로 없다

뜨락에 흩어진 햇빛
마루 건너 방안 가득 채우고
황토벽 숨소리 구수하다

등잔불 그을음에
콧구멍 시커멓게 방고래 되어도
도란도란 이야기꽃이 포근하다

뜨뜻한 아랫목 이부자리
큰 대자로 벌렁 허리 지지면
하루 시름이 멀리 달아난다

쉬운 것만 좇아 모두 외지로 떠나고
너무도 따사롭고 아름다운 것이 저려
바람이 문풍지 붙들고 운다

*동구문학·11, 2010.

노랑 주전자

기분 좋다 두들겨 맞고
화풀이로 내동댕이
일그러진 선술집
작부의 초상

재 너머 구판장서
막걸리 받아 오다
한 모금 두 모금
아이 얼굴 닮더니

집 나간 부뚜막 따라
고지告知없이 자리 떴네

* 문학사랑·112, 2015 여름.

어처구니*

고부姑婦가 맞잡아
한 세상 돌린다
앞뒤로 세월 흔들며
깊은 숨 나눈다
도란도란 이야기 섞어
애증愛憎을 감는다

사근사근 부비부비
진한 사랑 흘린다
포옹 뜨거울수록
흔적 고아진다
거꾸로 돌면
먹은 것 토해낸다

어처구니없게
어처구니없으면
모두모두 제자리
돌지 않는 세상이라

*맷돌 손잡이

거시기

누구나 다 알지만
아무도 잘 모르는 말

거시기한 거시기에
말하기가 참 거시기 헌디
거시기가 엄청 커
맴이 징하게 거시기 허구먼
거시기 할 거 어딨남
세상이 거시기 항께
내 증말 거시기 허요

거시기 한 마디로
다 통하는 이웃
곁에 있어
참 거시기 하지

*논산문학·20, 2012.

마을은 없다

물 따라 서던 집들이
아우내 언저리 이루는 마을
널브러진 일굴 땅
바람 잦아든 화사한 빛 쫓아
살기 좋은 곳으로 옮겨 앉더니
길 따라 집들이 늘어서고
사방팔방에 아래위로
사람들 아우성
밤낮으로 철철 넘쳐도
마을은
마을은 없다

나무도 풀도 부르지 않는
다시 산으로 기어드는 사람들
노래로 듣는 풀벌레 새소리
가슴 여미고 귀 기울여 보라
찌든 때 씻어주는 아름다움
눈 씻고 두 팔 든 숲을 보라
다시 그늘을 보라

*월간 한울문학, 2010.

제5부

자배기 사랑

목련

겨울이
깊은 산간에 동아리 틀면
굵어진 손가락 마디마다
봉오리 가다듬네
살 에는 하얀 눈, 찬바람
짙은 그늘 두려워
한 발 앞서 맞섭니다

겨우내 쌓인 설움
이른 봄 바지런히
마음껏 터트리네
고운 꽃잎은 고난의 두께지요

아픔 없이 피는 꽃이 어디 있나요
봄이 아니라도 언젠가 활짝 피워요
우리 모두 저 나름 색깔 있는 꽃이에요
부질없이 피는 꽃이 어디 있나요

*동구문학·13, 2012.

찔레꽃

말발굽에 짓밟혔던
미어지는 가슴 안고
산이고 들이고 지천에 피어
손 잘라 배고픔 달래주고
고혈 뽑아 아픈 몸 씻어내며
하얀 웃음 낭만이 되어
풋풋한 향기로 세상을 메운들
맡기고 간 마음이 고독으로 남으려니
끌어안고 붙잡아도 놓칠세라
온몸을 가시로 촘촘히 뒤덮어도
두고 간 모정慕情을 어쩌지 못해
까치발을 하고는 넘겨다보아요
두드리고 매만지고 쓸어내리며
달래고 달래도 추스르지 못한
삭이고 삭인 뜨거운 가슴이
붉은 사리로 남아있어요
사랑할 수 있었던 행복의 크기만큼
진한 그리움이 배어있어요

* 문학사랑·95, 2011 봄.

해바라기

빛을 좇는 것이
어디 그대뿐이랴
이글대는 화염을 치장하고
긴 여름 폭염이 알알이 박힌
얽은 얼굴 사이로
화병에 꽂을 꽃을 찾는
빈센트 반 고흐가 반기네
어깨위에 내린 햇빛을 털며
탄탈로스*도 함께 있네

*그리스신화에 나오는 왕. 제우스(Zeus)의 아들이자 펠로프스(Pelops)의 아버지. 큰 부자였으나 지나친 오만으로 신들의 노여움을 사, 타르타로스에 떨어뜨려 영원히 배고픔과 목마름의 고통을 받게 하였다고 한다.

*논산문학·23, 2015.

세탁소 옷걸이

옷거리가 좋아
아무것이나 잘 맞아

가격, 패션
남녀노소
가리지 않지

깨끗이 세탁되고
잘 손질된 것이면 돼
많이 으스대기도 했어
잠시 서로 빌린 것
내 것은 없다는 걸 잊은 거야

여기저기 기웃거려봐야
옷장에 갇혀 지낼 때
제일 행복하지

어깨 처지고 허리 휘면
쓰레기더미에서나 보게 돼

가끔, 재활용 돼봐야
마구 망가져
형상도 영혼도 수수께끼지

* 논산문학·20, 2012.

명함

이름, 직장, 전화, 주소, 위치
기억해 달라 받들어 건넨다

지나온 것까지 빼곡히 담아
알아 달라 돌린다

하는 일 자세히 적어
도와 달라 서로 바꾼다

얼굴까지 기억해 달라
잘 처리한 사진도 넣는다

나누고 싶은 향기 담아
함께하자 글귀나 그림도 새긴다

젊은이는 미래를 싣고
늙은이는 과거를 담는 것이 다를 뿐

어차피 보고 싶은 것만 보고
기억하고 싶은 것이나 간수하는 것을

정작 담을 것은
마음에 남아 있다

서로 보여야 할 것은
멀리 숨어 올려다본다

* 동구문학·11, 2010.

아구찜

몸집은 크고 목구멍이 바늘구멍 만한
불가佛家의 아귀餓鬼와 정반댈세
말이 많아선지
뵈는 거라곤
발등에 붙은 커다란 입뿐이라
뭍에 나오자
소박맞고 휘둘려
멍든 갯벌에
버려지기 일쑤였네

마산 포구 선술집
아랫입술 쑥 튀어 나온
나이 많은 아지매
자기 모습과 헷갈렸는지 몰라
바다 속 누비던 귀한 몸 알아보고
콩나물, 미나리, 파, 마늘, 미더덕, 고춧가루에
여린 살 버무려
고달픈 육신, 술로 뒤집힌
아린 속 다스리네

나물이 훨씬 많지만
아구찜이라 불러주니
신바람 나네
보들보들한 살첨
시원한 바다향
맛깔스런 벗들 불러
사연 많은 이들께
온 몸으로 보시布施하네
바삐 세상을 누비네

주름진 호박

뒷구멍으로 호박씨 까다
옹골차게 담긴 연륜
조근조근 까먹다
허전한 배보고 함부로 튕겨
내박쳐진 자투리땅에
외로이 섰네

맨바닥 엉금엉금 기다
솜털 보송한 여린 손 뻗어
닥치는 대로 부여잡는
살아보겠단 아린 속내
언제 어디가 잘릴지 몰라
갈라 설 때마다 하나씩 남긴 정표

외진 담장 위 정겨운 웃음이다
세상없는 열매 맺어
꽃잎부터 호박이라
못 생겼다 놀려대도
줄 긋지 않고 버티었네

애호박은 나물이오
된장국 건더기, 붙임도 되고
잎은 데쳐 쌈이 되고
손은 잘려 임산부 몫이로다

다급한 이들 우산이다
조급한 애들 담배로 말아 피는
마른 잎새 사이, 돌아앉아
가난한 집 호박죽이
고급 호텔 귀한요리 된 사연
부질없이 돌아보네

콩나물

안방 윗목 콩나물시루
검은 무명천 들추고
할머니 투박한 손
자배기 사랑 퍼 올려
수시로 부어 줍니다

라마단도 아니고 속병도 없는데
물만 마시며 단식을 하지요
무슬림 아닌 비구니들
민둥머리에 차도르 쓰고
아스파라긴산*을 만듭니다

어른 모시듯 서로 받들어 올리는데
세상구경 먼저 하면 앞서 가지요
머리 숙여 자기성찰 합니다

시달리고 흐트러진 사람들 향한 고뇌
빈약한 밥상 푸지게 할 상생의 명상
아니, 속 깊은 할머니 사랑입니다

*Aspartic Acid, 단백질을 구성하는 산성 아미노산의 하나.
*논산문학·20, 2012.

수족관

물은 유리에 감금되고
마을은 물에 갇혔구나

모래 자갈 쌓인 위
조개 소라 널브러져
갈매기 무리 너울대는
물가인 줄 알았는데

물방아 거꾸로 도는
수몰된 산골 마을
그 앞으로 돌 섬 하나
웅크리고 앉았구나

남생이 한 쌍
고개를 쑥 내민 채
둥근 눈 내리깔고
인간세상 사색하네

*문학사랑·95, 2011 봄.

빈병

우아한 허리 집고
창틀 앞에 농염濃艶히 서서
바깥세상 구경하는 그는
꽃을 안을 수 있어 꽃병이다
간드러진 꽃대 가슴 가득 품으면
더 할 나위 없이 좋지만
꽃 한 송이 꽂히지 않아도
마른 꽃잎이 초췌한 날도
변함없는 꽃병이다
절로 끌어안거나
고르지 못하고
꺾을 수도 없지만
좋은 인연 만나야 제 구실 할 뿐
그이는 단연斷然 꽃병이다

* 논산문학·18, 2010.

제6부

길가에서

낙엽

소슬바람에
옷 벗는 소리
마음을 졸일 적에
바람이 잠든 사이
염불장단 승무로
풀어내는 한삼자락
날 자리 내어주는
살신성인殺身成仁 깊은 배려
스스로 손을 놓았나 보네

* 논산문학·23, 2015.

개구리 병창

어스름 초여름
소나기 한 줄기
번급히 지나간
식장산 계곡
무당개구리 소리
억수로 요란합니다.

들리는 소리라곤
개굴개굴 뿐인데
쉼 없이 목청을 높입니다.

비 맞는 즐거움
무성한 숲에 대한 감사
살아있다는 경이의 표시
부름에 대한 응답
무에
공부가 짧은 나로선 알 수 없습니다.

그들만의 어울림 한 마당
소리의 고저장단
깊이는 더욱 모릅니다.

어릴 적 향수로
아는 대로
그저 소리 하나만 듣습니다
싱그럽습니다
나 몰래 자꾸만
미지의 세계로 따라갑니다.

개굴개굴
식장산 산자락
모처럼 엉덩이 흔들어 댑니다.

* 동구문학·12, 2011.

비의 사계

봄 · 여름 · 가을 · 겨울
산속을 서성이다 문득
들판을 가로질러 비가 온다

봄비는 그리움
얼어붙은 숨결 풀어내며
부슬부슬 새 생명 코끝을 간지른다

한여름 장대비는 생명수
무더위, 갈증 흩날리고
살아있는 것들에 녹음을 덧칠한다

가을비는 잔치마당
알곡을 살찌우고
단풍을 더욱 곱게 물들인다

겨울비는 저승사자
부푼 가슴 다독이며
빨리 흙으로 가라 재촉한다

봄 · 여름 · 가을 · 겨울
산속을 서성이다 문득
들판을 가로질러 비가 온다

* 문학사랑·95, 2011 봄.

잡초

1.
서풍이 불어도 만세
동풍이 불어도 만세
때때로 밀려 엎드리나
한 점 비굴함이 없네
간절한 마음으로 역사를 쓰네

2.
모질게 채이고 짓밟히나
눈물로 맺힌 이슬 털며
외진 모퉁이 채우고 있네
사랑받지 못 해 잡초라 하나
많은 꽃 가득이 품고 있네

3.
눈 길 멀어질수록 무성히 우거져
쌓이는 고독만큼 강해지네
바람 거셀수록 탄탄해지고
서로 손잡아 바로 세우네

*논산문학·23, 2015.

송죽 앞에서

삼십년은 노력해야 크는 것을
하룻밤 봄비에 웃자란 대나무
이제 나이만 먹으면 되누나
텅 빈 속내 감추려
마파람에 너스레 떠는 댓잎

나이만 먹었지 크지 못하고
흔들리는 바람 좇아
이리저리 굽은 허리
옹골차게 삼라만상 채우며
묵묵히 관조하는 솔

부질없는 욕망으로 울타리만 세우다
스치는 바람결에 가는 인생
밴댕이 소갈머리 채우지도 못하고
늘 푸르지도 못하누나
입술 들먹이며 손 흔드는 송죽

* 논산문학·20, 2012.

생량生凉머리

무더위 이겨낸 상현달
동산 넘어 고개 내밀면
따라나선 별빛 더욱
도드라지는데
대숲을 배회徘徊하던 바람이
어두움 속으로 잦아드네

어둠의 깊이만큼 하나 되는 화두話頭
정적의 길이만큼 깊어지는 성찰省察
새로운 질서는 혼돈이 주는 선물
암흑은 창조의 새 출발, 출현이
다가옴을 알리는 징후

무시無時로 창가의 귀뚜라미
길지 않은 초가을 밤을
축내고 있네

* 문학사랑·95, 2011 봄.

서릿갈* 엽서

초록빛으로 몸부림친
인고의 세월 흔적 지우고
울긋불긋 덧칠을 한다
장엄한 노을처럼
너무도 고와서 온몸이 아리다

소슬바람에 함박웃음
생명줄 붙들고 예쁜 짓 하나
가만히 들여다보면
상처 나지 않은 삭신
세파를 피해간 잎은 하나도 없다

문득 나뭇가지 손 떨궈도
사뿐히 비행을 한다
허공을 부드럽게 선회하며
땅을 향한 속내 담아
그리운 사람들께 연서를 쓴다

*서릿갈 : 서릿가을, 늦가을
*Eco—NEWS Letter·2, 2010, 권두시.

돌탑

칡넝쿨 무성한 오솔길 돌아
땀 흠뻑 배이도록
숨고르고 오르면
넓디넓은 호수 보이는 산마루
오랜 세월 수많은 손길로
쌓여진 돌무더기
바람은 꿈을 날라 오고
날라 가고
비바람 눈보라 한 세월 몰아쳐도
그 자리를 묵묵히 지키고 있네

누군가 시샘으로 무너트려
어지럽게 흩어져 내린
돌무더기
무너져 내린 자리만큼
더 넓게 뿌리 내리고
약속도 없이
계획도 없이
옮겨온 곳도 알 수 없는

돌들이 쌓여
시나브로 커지고 높아만 가네

* 부여시·5, 2011.

빈 둥지

바위 사이 끼어있던 겨울 녹아내리면
크로아트 용병 같은 근사한 목댕기 매고
처마 밑이나 담벼락 기웃거리네
빈 구멍, 돌 틈에 숨겨
일생 모은 내공으로 둥지를 트네

어쩔거나
늘봄, 알이 쏟아지기도 하고
햇빛 좋은 날 홀딱 벗은 생명들
돌덩이 같은 시멘트 바닥에
함부로 널브러져 버둥거리네

무시로 잘 보이는 창밖
단풍나무 가지 사이
나름 보기 좋고 튼튼한 집 하나
지성으로 만들어 올렸네

가두어 둘 것도 아니고
간섭할 생각도 없다는데

뻐꾸기는 더욱 아니건만
아무도 찾아주지 않네
허구한 날 덩그러니 비어있네

문득, 시나브로 텅 빈 둥지 살피는
나를 보고 놀랐네
지켜봐 주고 함께할 수 있다는
떠도는 의미를
박새 또한 모르나 보네

* 문학사랑·100, 2012 여름.

달그림자

한적한 고택 담장에 내려앉아
울안 가득 옹기종기 모인 세간
절절이 보듬다가
길 나서자 따라나서
앞서거니 뒤서거니
흔들리는 날 다독이네

돌아오는 길에
가로등 불빛이 나를 지우네
멈추면 어차피 없어질
몇 자도 되지 않을
작은 흔적을
자꾸만 자꾸만 애써 지우네

종이상자

큰 나무에 둥지 트는 새 마냥
널널한 집 귀퉁이에 펼친다
지난 신문지 이불삼아
굳은 마디 힘주어 기지개 켜는데
틈새로 들어오는 황소바람
첫날밤 새신랑 거친 손길
진저리치게 온 몸 샅샅이 더듬어도
부러울 게 없는 아방궁

술 취한 얼간이들
부질없는 발길질에
아이들 쿡쿡 찌르고 달아나면
잠도 쏜살같이 따라 나서
하얗게, 하얗게 지새는 밤
허기진 배 만큼
비워지고 맑아지는 머릿속
보탤 것도 없는 사서삼경四書三經 읽는다

* 수통골연가·9, 2011.

환경미화원

함부로 버려진
치열한 삶의 흔적
더럽혀진 마음
구겨진 생각들을
동트기 전
구석구석 쓸어내네
선을 세우고
도를 닦으니
매일매일
생불生佛을 보네

*논산문학·23, 2015.

제7부

안골축제

그날

— 자식의 혼인에 붙여

너의 잉태는
세상을 품에 안은 것
심오한 신비의 세계

세상에 나오는 날
무지개 넓게 드리워
오색구름 찬연하고
상서로운 기운이 가득한
생애 최고의 경이로움

그 의미를
알 수 없고
아직도 모르나니
오롯이 너희들 몫이려니

하루가 다르게 커가며
나날이 더해가는 흥미
하나 둘 배워가는 솔솔한 재미
작은 재능으로 행복을 선사
맑은 재롱에 웃음바다
학교생활은 자랑거리

뛰어난 사회적응 믿음을 안겼나니
돌아보지 않아도 집안 구석구석
배어있는 너의 모습

혼인은 가문과 가문이 만나
인생의 지평을 넓히는 것
머뭇거리기에 너무나 짧나니
서로를 알기에도 턱없이 부족한 시간
더욱 깊고
넓고
높은 사랑을 찾아
돈독히 나누길 고민하여라
둘이 하나가 된다는 것은
각자 반을 포기하는 것이요
그 반을 서로 채우는 것
사랑은 자기를 이기고
배우자의 밑에 서는 것
서로를 존중하는 것이라
알고 있는 지식과 지혜를
부단히 함께 실천해 가라

인생에 확실한 이정표는 없나니
나무도 보고 숲도 보며
하아모니를 이루어라
같은 꿈을 꾸어라

꿈꾸는 대로 이루고
부르는 대로 이루나니
서로를 위해 최선을 다할 뿐이라

둘이 이루는 것이
가문을 기리는 것이요
사회를 만드는 것이요
나라를 세우는 것이라
어떤 경우라도 흔들리지 말고
손잡고 더불어 세상을 누벼라

처음 만난 날, 시작한 날
기억되어야 할 날, 기념해야 할 날
오늘
모두 그날
어려움에 부딪히면
그날을 떠올려라

오늘은 우리들 생애 최고의
아름다운 날
빛나는 날
온갖 축복이 함께하는 날

주유청강舟遊淸江*

— 신윤복의 풍속화 감상

낙화암落花岩 기슭 산벚꽃 화사하니
백마강白馬江 황포돛대 엄청 부산타

가을이 아니라도 지는 인생
서둘러 낙화된 병풍바위 등지고
가슴 펴고 점잖이 뒷짐 진 채
강에 빠진 역사 새기며 읽는다

물에 손 담그고
촉촉한 춘심 삭이는 여인
그윽한 눈길 주며
들뜬 가슴 숨죽여 두드린다

바람에 한껏 부풀린 가슴
젓대소리에 제 눈 가리고
원앙鴛鴦도 아닌 자웅雌雄이 엉겨
허접한 업보 막무가내 쌓는다

여전히
물새는 강물 위를 낮게 나는구나

*신윤복 그림, 종이에 담채, 28.2×35.6cm, 간송미술관.
*문학사랑·95, 2011 봄.

구절사 고양이

양지바른 앞마당에
새끼 셋과 둘러앉아
구시렁구시렁
염불하던 고양이
낯선 발자국 소리
졸졸 따라다니네
과일을 주었더니
고개를 절래절래
절 공부가 짧아
새끼도 낳고
비린 것 찾을까나
득도 해탈하여
경계를 떠났을까
내려다보던
추녀 끝 풍경
덩달아 몸을 흔드네

연꽃의 노래

구경 나와 뜬금없이 머물던 자리
두루 어질러지고 더럽혀진다는데
사바세계 모든 무리 알고말고
무언가 남기려 애쓴다네

시궁창 깊숙이 발 담그고
밤낮없이 어르고 걸러낸다는데
무더위 더할수록 냄새 짙어지니
한여름 다소곳 꽃 피운다네

꽃잎에 어린 그윽한 빛깔
깊고 고와서 가슴이 저리는데
벌어진 연잎 위로 빗물도 발을 동동
세속 바람조차 머물지 못 한다네

찰나에 알게 된 넋이야 얼이야
돌아서자 아득히 뒤로 하는데
기근饑饉에 주린 배 안고 부르던
체련곡採蓮曲, 너무도 서럽다네

* 부여문단·창간호, 2010.

서릿가을 궁남지

정월 보름 떠돌던 연들이
내려앉은 마래못
그 벅찬 여름 뒤
모로 눈 줄기 사이
연밥 줍는 물오리 한 쌍
풍덩풍덩 고단한 삶 담아
황망히 물질도 하네

쭉 빠진 항아리, 깨져서야
거친 속내 드러내듯
얹은머리 내리고서야
푸른 듯 검은 물빛
반짝반짝 노을에 부서지고
지천으로 널려 반감됐던 가슴에
번잡했던 그 시절 어른거리네

저녁연기 드러눕는
장삼 벗은 버들길
팔짱낀 선화공주 홀로 서성일 때

사랑이 가야 사랑을 알고
떠나고 나서야 소중함 깨닫는
부득부득 꼬인 심사
포룡정 대보에 서동이 풀어쓰네

* 부여문단·3, 부여궁남지 연꽃 사화집, 2012.

겨울 궁남지

연꽃들이
물속에 숨자
명패만 덩그러니
물위를 건네

수련
백련
개연
가시연

세상에 어떤 이름도
스스로 지은 것은 없다하네

정송강사鄭松江詞

세도가나 부자는
살아서
깊은 산속에 머물러도
뜰이 저자를 이룬다
덕이 높으면
죽어서도
가리지 않고
사람들이 줄을 잇는다

훈민가訓民歌에 머리 숙인
무지렁이들
문 앞에서 반가이 맞아주던
380세 어르신이 일러 주신다

* 동구문학·16, 2015.

머들령

도회지로 나가 넓은 세상 보라고
고쟁이 허리춤에 차곡차곡 접어두었던
지폐 서너 장 남몰래 쥐어주며
동네 어귀로 뒷모습 사라져도
장하고도 못내 안쓰러워
발길 차마 돌리지 못하던 어머니

그 모습 뒤로 한 채
보리쌀 한 말 들춰 메고
어둠이 내리기 전 넘어야하는
험난한 고갯길
넘을수록 이상은 쌓여만 가고
넘을수록 꿈은 커져만 가나니

턱까지 차오른 숨 고르느라
쉬어 가는 발 아래로
지나치는 산짐승들의 이야기
깊어 가는 상상의 나래
물소리 잦아드는 계곡에 손 담그면

슬며시 달아나는 흠뻑 배인 땀방울
뼈 속까지 파고드는 시원함이야
새로운 용기가 되고 희망이 되고

산등성이 오르면 미지의 세계 열리고
돌아서면 고향이 열리는
깊고 깊은 숲 속 머들령

이제는 큰 길 몇 개나 뚫려
발길 멀어지니 길은 사라지고
나무는 무성하고 가시덤불 널브러져
이름 없는 산새만이 옛이야기 들려주네

* 수통골연가·5, 2007.

계룡산 남매탑

스산한 바람에
연기緣起 좇아
길 떠나는 가을
무심히 바라보다
호랑이 보은 묻어 두고
참선에 정진해 온
자신들 돌아보네

한 발작도 좁히지 못한
천년 세월
부부의 연
남매의 연
인연 또한 풀지 못하네
저만치
그리움만 서있네

*논산문학·23, 2015.

제8부

산행

산행 · 1

산은 세속을 떠나지 않는데
세속이 산을 떠난다더니
도를 깨우친 도인들인가
찾는 이들로 몸살을 앓네

그만이 가진 아름다움도 좋고
흘린 땀방울만큼 쾌감도 크지
장중한 숨결로 찌든 때를 씻어내고
너르디너른 세상 일깨우기도 한다네

정상에 올라야 세상이 보이나
산을 오르는 것은
내려오기 위해서네, 오로지
내려오기 위해서라네

* 수통골연가·5, 2007.

산행 · 2

아름다움은 늘 그곳에 있으나
아무 때나 보이는 것은 아니요

모든 사람 눈길을 스치나
마음이 닿지 않으면 모두가 허상

마음으로 만난다는 것은
한가로움을 갖는 것이요

일상으로부터 자유로워질 때
문득 아름다움이 다가온다네

* 수통골연가·5, 2007.

산행 · 3

기암괴석이 제아무리 훌륭해도
저 혼자 있으면 머리만 시리지
못난 굽은 소나무라도 걸터앉아
비바람 눈보라 함께 해야
보고도 싶고 보기도 좋지
밋밋한 산자락을
누가 찾아 주나요
계곡도 있고 암벽도 있어
어우렁더우렁 어우러지고
변화가 있어야 제격이죠

그려, 숲이 아름다운 건
서로 다른 나무들이
부둥켜안고 감싸기 때문이요

암, 산이 좋은 건
물은 물대로 새는 새대로
바위며 나무들이
있어야 할 자리에 버티고 앉아
서로서로 허기를 채워주기 때문이죠

* 부여시·3, 2009.

산행 · 4

산사山寺가 아름다운 건
풍수風水 도참圖讖 갖다 붙여
좋은 자리 차고 앉아 그런 게 아녀
공포拱包 사이를 살펴 누비던
정갈한 바람이 살살 흔드는
풍경風磬소리 들어봐요
공덕功德으로 빚어내는
예불禮佛소리는 어떻고
아름다운 꽃을 보면
무지랭이도 시인 되고
산새도 울다보면
가락이 붙는 거 아닌가요
공부 없이도
저 몰래 도인이 돼버리죠
바람으로 온 몸 추스르고
물소리 새소리로 귀를 씻고
이슬 먹고 함께한 것들이
정성으로 어우러져
하 많은 세월 빚어낸 거요
그 적덕積德 남 몰래 빌려

새까만 마음 다스리니
돌아서는 뒤통수가 영 근지럽네요

* 부여시·3, 2009.

산행 · 5

모르는 소리 하질 마요
올려다보던 산들이 내려다뵈는
세월 걸머진 산등성이 올라 봐요
속세를 등졌다던 산들이
정답게 어깨동무
세상을 감싸 안아 보듬고 있지요

지은 죄가 크니 지 발 저려
그냥 허튼소리들 하는 것이요
허리에 띠 두르고 구멍을 내고
어르고 뺨치고 짓밟아도
가부좌 틀고 명상에 잠긴
깊은 속내 알 턱이 없지요

지 자랑하는 거 봤어요
때로 찌든 바람 걸러 보내고
쉼 없이 물길 열어 흘려보내고
산 것이고 죽은 것이고
잦아들거나 찾아오거나
가리지 않고 품에 안아 다독이죠

생각 좀 해 봐요
참는 것도 한계가 있지
이 산 저 산 댕기다 보면
산이 산을 만나 산을 만들고
열린 길도 따라가다 보면
길이 길을 만나 길을 묻지요

* 부여시·3, 2009.

산행 · 6

있던 길도 댕기는 이 없으면
지우기는 하더만
산이 스스로 길을 내지는 않네
오가는 것들이 있어
길이 열린 것이오
내가 가서 길이 되던
내가 가서 길로 남던
함부로 갈 것은 아니라더만
걷는 모습 다르고
느낌이 다르고
함께 가던지
홀로 가던지
길이 있던, 없던
모퉁이 돌아서면 기다리고 있을
가슴 벅찬 기대로
걷고 또 걷는 거요

* 부여시·3, 2009.

산행 · 7

한여름 덕유산德裕山 향적봉香積峰
이름도 성도 다른 수많은 야생화
모진 비바람 온 몸으로 버틴 사연
격렬한 몸짓 섞어 난상토론

후두둑 후두둑 우조羽調로
너스레떨며 지나가는 장마 비
장단 맞춰 쓸려 다니는 물안개
물러서며 아우성 때론 환호성

주목朱木 덩달아 구성진 어깨춤
살아서 천년 죽어서 천년
인고忍苦의 세월 보고 든 역사
신비한 농담濃淡섞어 비단에 붓질

궂은날 여름 산엔
새하얀 무대 너머 무한공간이 만나고
방황하는 화두話頭들이 계곡을 누비며
잃었던 진실들이 속살을 까발리네

* 부여문단 창간호, 2010.

산행 · 8

계곡물은 산의 고혈이요
진양조로 흐르다
중모리로 부닥치며
자진모리 재주넘어
폭포수로 절절이 외치는 소리

냇물은 어우러짐이요
하고많은 산 넘고
얼마나 많은 들을 지나
아우내 언저리 얼싸 안겨
속내 묻고 알몸으로 뒤섞는 살

강물은 생명줄이요
보듬고 지나는 골마다
깊이 숨 쉬는 땅
풀어놓는 소리 한마당에
모든 산 것들 흥겨운 어깨춤

산위에서 보아요
휘갈겨 놓은 우아한 붓질
제아무리 갈 길 멀어도

낮은 곳으로 임하고서야
만나는 바다

* 부여문단 창간호, 2010.

산행 · 9

가난의 상징이던 텅 빈 산등성이
지천으로 겹겹이 쌓인 낙엽
굴참나무 숲을 방황하던 바람이
종종걸음으로 비탈을 오르면
홍겨이 마주잡고 재주를 넘네

꽃이며 열매들 들러리로
봄 지내고, 여름나고
꽃같이 온 세상 물들이다
열매처럼 떨어져, 속절없이
제 몸 묻을 준비로 부산하네

늦가을 산자락 한가히 올라
물마시던 원효元曉 대사 만나려니
겨울 준비하던 다람쥐 한 마리
가던 길 멈추고 뒷발로 서서
면벽面壁 성철性徹 큰 스님 되네

* 수통골연가·7, 2009.

산행 · 10

속살이 도드라져 보이는
어차피 벗을 야리한 옷 걸치고
성큼성큼 걸어 나와
단위로 올라서서
거침없이 양손으로 앞자락 젖혀
허물을 스르르 내려놓네

구석구석 거칠게 핥는
수십 개 시선 따라 발기되는 온몸
뜨거워지는 무거운 숨결
다 보이고 비우니 숨길 것이 없지
빛 없이도 빛나니 숨을 곳도 없지
자신 있는 가슴에 힘을 주네

벗은 나무
비운 나그네
파르라니 떨고 있는 햇살
서성이며 사색하는 언덕
마지막 남은 마른 잎새
손 부비며 서릿갈 편지를 쓰네

* 수통골연가·7, 2009.

산행 · 11

다시 눈이 내려
된 비알로 길이 숨네

자귀 쫓아
따라나선 발자국이
겨우내 숨바꼭질
어지러이 길로 쌓이네

그 언저리로 나돌던 흔적도
길로 남네

새로운 길
잊혀진 길
가고 오던 길
길들이 모여 길을 살피네

다시 눈이 내려도
산에 산에는 길이 있네

* 수통골연가·7, 2009.

산행 · 12

나무들이
마구 얽힌 고뇌를
머리에 이고 있는
겨울 산
나그네 바라보며
바위들은 한가로이
일광욕을 즐기네
푸른 산
맑은 물
깨끗한 공기
상쾌한 바람
모든 생명 보살필
상생의 그림
밤낮없이
은밀히 가다듬나보네

산행 · 13

산이 살며시 가슴을 열면
등성이 새들이
통통 튀는 조각 빛
수다를 떠네

홍복에 겨운 모습
부러워
가만히 귀 기울이니
어릴 적
뒤꼍 대숲에서
아침마다 참새들이 들려준 말
곳간은 욕망의 산실이요
불행의 씨앗이라네
쌓아 둘 곳 없으니
천지가 다 제 창고라네

준비되었을 때만 들리는 말
귀에 마음이 없으면
그저 나무 사이를 누비는 바람이네

* 문학사랑·113, 2015 가을.

산행 · 14

강을 건넌 그림자가
뒷산에 안기면
초가삼간 허리춤에
비스듬히 매달려
비비적비비적 피어올라
계곡 마을 깊숙이
가득 내려앉는
그리움
땅거미가 곱게 빚어
감나무에 내다 건
하얀 초저녁달을
소리 없이 어르네

산행 · 15

먹물 찍어
갖가지 준법皴法으로
가다듬은 농담濃淡
눈에 보이는 것조차
다 담을 수 없네
나무와 물
열심히 붓질해야
자연이 준비한
몇 만분의 일이나 되랴
모든 생명 더불어 살리는
가슴 크기는
가늠이나 할 수 있으랴

누구도 초대 한 적 없는 산이
늘 붐비는 것은
아름답기 때문이네
아름다움은 넉넉함에서 온다네

산행 · 16

내가 아는 시간
고작 30년 전
그 자리
다시 오르네

달라진 것은
넓어지고
잘 다듬어진 길
바뀐 이정표

산은
헤아릴 수 없는 세월
지키고 지켜본 세상
아무런 투정이 없네

사람들이 치장해준
악세사리 붙이고
울상이네
그마저 내 마음일 뿐이네

산행 · 17

잡초를 뽑기 전엔
한 번 뽑으면 없어지는 줄
나는 알았네
뽑고 돌아서면 돋아나고
짓밟아도 일어서고
비 온 뒤 벌떼같이 솟아나고
빈 땅 찾아 또 다시 솟고
어디엔가 생명으로 숨 쉬고 있네

그 아름다운 꿈이 뽑히는 것은
있어야 할 자리를 벗어났기 때문이네

산길을 쓸기 전엔
가을에만 낙엽 지는 줄
나는 알았네
봄에는 꽃잎과 새순이
여름엔 나뭇가지에 병든 잎이
가을에는 곱게 물든 단풍이
겨울엔 흙으로 가는 낙엽이
쉼 없이 내려 앉아 이리저리 구르네

그 몸부림친 흔적이 지워지는 것은
아무려나 제 구실을 다 했기 때문이네

* 논산문학·18, 2010.

산행 · 18

칼바람 시려
떨고 있으면
옷 벗어 주었다네

춘궁春窮에 주린 배 달래라고
냉이, 달래, 고사리 꺾어주고
뿌리째 뽑아 주고

폭풍우 몰아치면
온몸으로 막아서서
의지가 되었어라

그러고도 남은 것
뭇 생명들에게
골고루 적선했네

그렇게 버텨낸 것들이
이제 가슴을 후비고
어깨를 도려내고

배신의 아픔이야
어찌어찌 다독여 보고

기다려도 볼 수 있지

아! 봄은 다시 오건만
휑한 가슴, 날아간 사지四肢 위
새살로 가름할 수 없는 젖살의 아픔이야

* 동구문학·11, 2010.

산행 · 19

잠시 머물 것만 준비해
길을 나서네
앞사람들 만들어 놓은
묵은 이정표
초행길도 막힘이 없네
알아서 선택 할 뿐
쉬운 길은 없다네
다리가 후덜덜덜
온몸으로 느끼는 쾌감
가시버시 함께하면
더욱 커지고 풍성해지네
거친 음식도
흘린 땀방울만큼
그 맛이 달아요
제아무리 아름답고
공들여 올라도
적당히 즐기고
오래 머물지 않지요
정상에 올랐다고
온 세상 정복했다 생각지 말아요

세상을 섬길 수는 있어도
정복할 수는 없다네

날 저물기 전 내려오려
하산을 서두르네
본 것 보다 못 본 게 훨씬 많은
넓고 깊은 속내
나 몰래 겸손해 지지요
남은 음식은 뒷사람과 나누고
배낭을 비웁니다
쓰레기는 남김없이 거두지요

산행 · 20

노란 산수유
연분홍 산벚
하얀 목련, 자목련
모처럼 붐비는 외진 비탈

골물도 다투어 상춘賞春길
긴 겨울 돌아보네
시련은 연습이요
과정이어라

겨울이 있어
봄은 더욱 찬연燦然하고
바람 매서울수록 깊어지는
뭉클한 가슴

봄이 아니라도
산길을 걷는다는 것
걷는 자체가 살아 있음이요
깨어서 함께 하는 것이네

* 논산문학 · 18, 2010.

제9부

病床日記

病床日記

1.
치료가 잘 된다
운명인가
음덕 아니면
정성일까
혹여
병이 잘 못 찾아왔을까
수술을 앞둔 침상 위를
무수한 의문들이 바삐 뛰네

안쓰럽게 바라보는
눈망울들 마주보며
치료가 잘 못 되어
의식이 없거나
거동이 불편하게 되면
더 이상 치료치 마라
성한 장기가 남거들랑
필요한 사람들에게 나누어 주라
그래도 남는 게 있으면 병원에 주라
쓰레기만 남긴 삶의 허물
조금이나마 덜고 싶어라

평생 열정을 쏟아 살았으나
이룬 것은 고사하고
정리할 것조차 없는 인생
욕망을 채우는 것 보다
비우는 것이 훨씬 쉽구나

더불어 행복하여라
얼마나 쉬운가
그 또한
마음이려니

2.
잘 주무셨어요
대변 잘 보셨어요
소변은요
양量은요
간호사가 아침마다 묻는다
잠 잘 자고
잘 먹고 잘 싸는 것이
간호의 시작
건강의 첫걸음인거야

3.
통증은
위험상황을 피하란 신호야
참담한 마음의 고통을
단장의 아픔이라 하지
그를 아는가
장기뿐이랴
몸과 마음
어느 부위를 잘라 내는 것은
말로 설명이 안 되네
곧잘
다른 사람 눈으로 세상을 보지만
깊은 공감은 참으로 어려워라

조금은 안정 되어
이전에 수술한
가까운 사람들
일일이 전화해
함께 하지 못한 죄
용서를 구하네

4.

몸에
주렁주렁 매달고
건강관련 서적을 뒤적이네

유비무환有備無患이란 말만 알지
제 몸
건강을 살피나
제 결혼
생활방식을 아나
제 자식
낳고 기르는 공불 하나

공기, 물, 바람
꼭 필요한 것은 모두 무료이듯
꼭 필요한 것에는 무임승차
부질없는 욕망
구름에 줄 매고
오른 삶이야

5.

신음소리 넘쳐나고
어두운 그림자 뒤덮은
외과병동
짜증으로 가득한데
늘 웃음 띤 얼굴
살신성인이라

툴툴대는 사람들에 둘러싸여
언제나 변함없는
환한 얼굴, 밝은 목소리
어둠을 가르는 빛이요
천사의 강림이라

모든 것이 불만인 병원
애타고 서러운 병실
천사와 성인들 사이
누워있다는 하나는
참으로 크나큰 행운이라

6.

수시로 퍼질러 싸대는 똥 수발
고통을 견디지 못해 내뱉는 험한 욕설
갖은 푸념, 굴욕에도 보살피기 전념이라
밝은 얼굴 변함없는 금산댁

작은 빌라에 의지하여 사는 부부
입원비 정산 할 방법이 없는데
둘째는 사업 실패 후 연락 두절이요
셋째는 근근이 먹고 살아 말하나마나
연구원 아들에 교사 며느리
그나마 넉넉해 보이는 첫째는
세 아들이 같이 내야 된다
천만 원 되는 돈을 혼자 부담 할 수 없다
꼬치꼬치 따져쌓는 큰 며느리
참으려고 노력해도 감당할 수 없는 금산댁
집안 망신이고 뭐고 없구나

배웠다는 것들이 부모를 머리로 대하는구나
공부시켰더니 가슴 속에 똥만 담은겨
한 달에 천만 원씩 벌면 뭐하고
오십평 아파트에 살면 뭐하노
그에 걸 맞는 처신을 해야 사람대접 받지
형제간에 균등 분담은 누가 정한 겨
나라 세금도 못살면 면제고 잘살면 더 내는구만

통장에 있는 이백 모두 낼 테니 나머진 네가 좀 내그라
병원에서 퇴원하라는 데 집에 좀 가고 보자
죽고 사는 것보다 중한 게 많은 세상이여
몇 번이고 전화통 붙들고 싸우는 소리에
숨죽이고 귀 기울이던 병실 사람들
모두 따라 한숨이로다

7.
영상의학과에서 전이 된 곳 없어
항암치료 불필요 하다는데
담당 교수 말없이 자꾸만 항암치료

사람 잡는 항암주사
약 선택이 잘 못되었다고
설명 없이 바꾸어 놓는다

검증되지도 않은 PET/CT
암 환자는 죄다 한 번씩 찍는다

대장암 수술을 하였는데
꿰맨 곳이 터져서 재수술 하였다
환자는 생고생에 죽어나는데
의사는 아무런 설명이 없다

위암수술과 항암치료 후
시키는 대로 매월 두어 번씩
검사받고, 진찰 받았는데
어느 날 뜬금없이 온몸에 전이되어
치료가 불가능 하단다

환자 생명이 촌각을 다투는데
그를 두고 교수는 휴가를 갔다
진료나 처방은 쉬는 내내 멈추었다

휴일엔 교수가 출근하지 않는데
금요일 늦은 시간이나
토요일 이른 시간에
입원하란다

입원 해 보면 빈 침상이 많은데
입원 하려면 일반실 없다고
1인실이나 2인실 쓰란다

고통 속을 헤매는 사람 대상으로
병원은 시험 중
아직 계산중이다

8.
어떻게든 살아만 다오
수술 후 한 달은 제왕이지
달이 지날수록 찬밥 신세라
발길 뜸해지면 있던 길도 사라지지
연락이 하나 둘 끊기며
멀리서부터 잊혀져오고 있네

알아서 해야 되는 입·퇴원 수속
삼박사일 쓸쓸히 지내다
병원 문 나설 때
머물던 곳은 돌아보기조차 싫고
집에 가는 것은 왠지 망설여지네

아프다는 것
제 인생만 망치는 것이 아니라
돌보는 이 전부를 망가트리는 것
겨울 난 봄바람이 등을 떠미네

9.

환자 얼굴은 창틀 앞에 놓인 꽃
보호자는 먹물 뿌린 하늘
선택이 불가능한 죽음이라
삶에 대한 욕심 지우면
두려운 게 없다네
정작 두려워하는 것은
남겨진 사람들
대신 할 수 없고
함께 갈 수 없는 길
환자 위해
나눌 일이 거의 없다는
안타까운 현실만이
미어지는 아픔이라
마음 하나 함께하며
정성으로 보살피는 모습
가족이 보이네

■ 작품해설

궁남지에 고인 사랑

— 양동길 시집 「다시 산이 된 다랑논」을 읽고

시인, 한남대 문창과 교수 김 완 하

1.

양동길 형을 내가 만난 것은 1977년 한남대학교(당시 교명은 숭전대학교)에 입학하여 청림문학동인회에 가입하고부터다. 그때 미술교육과 3학년에 재학 중이던 형은 사람 좋고 늘 여유가 있었으며 창(唱)을 잘 하고 대학 체육대회에서는 씨름에도 장기가 있어 그야말로 개인기 탄탄한 선배였다. 화가로서 자유로우면서도 어딘가에는 전통적인 예술의 장인정신을 간직하고 후배들에게는 듬직한 신뢰를 주기에 충분했다.

그 이후 40여 년이 가까운 시점에서 동길 형이 첫 시집을 낸다고 하니, 형의 그 감회야 오죽하겠는가만, 형을 아끼는 후배로서 그간의 시간을 돌아보는 감개가 자못 무량 무량토다.

얼핏 동길 형의 이력을 살펴보니, 화가로서 한국화 개인전 3회, KBS 민요잔치 입상 후 공연 1,000여 회, 야학교 교사 10년, 새누리정보시스템 창사, 사회교육 강사, 대전홍사단 회장, 대전시 만인산푸른학습원 원장, 투명사회운동본부 운영위원, 대전시 청소년유해환경감시단장, 대전사랑시민협의회 교육문화분과위원장, 대전 충남 그린램프환경교육엽합 부회장 및 교수부장, 동구문화원 이사와 감사, YKA전국산악회 부회장 등이다. 그것도 대충 큰 것들만 살펴본 것이거니와, 이러한 이력들을 살펴보니 그간의 삶은 동길 형을 위한 것이 아니라 남을 위한 사회 활동으로 보인다.

그렇다. 동길 형은 다양한 재주에도 불구하고 자신의 발전을 위한 노력으로 나아가지 않고 철저히 다른 이들의 삶을 위한 희생과 봉사로 이어오며 40여 년이 지나는 시점에서야 첫 시집을 내는 것이다. 시집 제목이 『다시 산이 된 다랑논』으로 그간 형의 문학 활동에 대한 의미를 암시해주는 듯하다. 언젠가 아버지의 고향에 가서 보았다. 산등성이에 이르기까지 부지런히 일구던 논과 밭들이 주인의 손길이 떠나자 어느새 칡덩굴과 풀들이 기어내려 다시 산이 되어가는 것을 말이다. 그리고 아예 산으로 돌아가 숲을 이룬 곳도 있었다. 동길 형은 그동안 수많은 일들을 겪어 왔다. 최근에는 건강에도 적신호가 왔던 것으로 한동안의 시련을 딛고 다시 일어선 것으로 알고 있다.

이제 동길 형은 첫 시집을 내는 계기로 하여 그간 묵은 논밭을 덮어버린 잡초와 나무들을 걷어내고 다시 비옥한 논으로 가꾸어가기를 진심으로 기대한다. 내가 아는 동길 형은 그냥은 문학을 덮어버릴 사람이 절대 아니라고, 그냥 그 재주를 쉽게 날려버릴 수는 없는 사람이라고 나는 믿고 있기 때문이다. 그리하여 내가 만난, 스무 살 때 형의 그 여유와 재기가 번뜩이는 시절로 다시 한 번 돌아가기를 고대한다. 바로 그것이 동길 형이 이 시집을 내는, 그리고 내가 이 해설을 쓰는 이유라고 서두에 밝혀둔다.

2.

이제 시인 양동길로 돌아가자. 그리고 해설을 쓰기 시작하자. 내가 양동길 시인의 첫 시집에서 먼저 관심을 갖고 살펴본 것은 다음의 짧은 시 2편이다. 그것은 「해바라기」와 「사랑 연역법」인데, 이들 시에서는 삶의 지혜와 통찰이 엿보이고 있다. 그것은 짧은 시로서의 완성도가 높아 읽는 맛이 매우 깊다.

빛을 좇는 것이
어디 그대뿐이랴
이글대는 화염을 치장하고
긴 여름 폭염이 알알이 박힌
얽은 얼굴 사이로
화병에 꽂을 꽃을 찾는
빈센트 반 고흐가 반기네
어깨 위에 내린 햇빛을 털며
탄탈로스도 함께 있네

―「해바라기」 전문

이 시에는 양동길 시인의 생에 대한 의식과 미의식이 함께 어우러져 있다. 그는 우리의 생을 빛을 좇는 것으로 인식한다. 그것은 완성을 지향하는 과정으로서 이글대는 화염과 폭염으로 단련되는 것이다. 이 시의 핵심 이미지인 '해바라기'는 그 중심에 서서 생을 지탱해가는 우리의 모습이다. 또한 그것은 '탄타로스'와 비교되고 있다. 탄타로스란 이상과 현실 사이에서 갈등하는 인간의 모습을 보여주는 전형적인 이미지이다. 바로 입술 위의 잘 읽은 과일과 턱 아래의 맑은 물 사이에서 굶주림과 갈증을 겪으면서도 먹거나 마실 수 없는 고통을 겪는 것이 바로 우리 인간들 삶의 모습이 아니던가.

이상의 의미로 볼 때 양 시인은 우리 생의 의미를 해바라기를 통해서 성찰한 것이다.

> 한 발짝 떨어져 봐야
> 전체가 보이죠
> 돌아보아야
> 남은 반이 보여요
> 때로는
> 사랑도 그렇지요
>
> —「사랑 연역법」 전문

이 시는 이번 시집 가운데서 가장 짧은 시라 할 수 있다. 그간의 삶으로 하고 싶은 말이 많았을 것으로 양동길의 시들이 긴 형식을 취하고 있는데 이 경우는 겨우 6행에 지나지 않기 때문이다. 그러나 시의 의미는 상당히 압축적이고 상징적이기도 하다. 현실에 몰입하면 전체를 볼 수 없고, 반대편을 보아야 전체를 볼 수 있다는 것으로 "사랑도 그렇지요"에서는 우리 삶의 모든 것이 그렇다는 점을 거듭 강조하고 있다.

양동길의 시에서는 그가 가지고 있는 화가로서의 역량이 반영되는 시도 있어 매우 흥미롭게 여겨진다. 그것은 김홍도와

신윤복의 그림을 소재로 쓴 시들이다.

날 풀리고 봄 물 녹아내리자 / 하나 둘 함지박 이고 나와 / 물가에 둘러앉는다 / 속 고쟁이야 뵈던 말던 / 치마 한껏 걷어 부치고 / 썩썩 비누 문대 / 시집살이 설움 바르고 / 지난밤 아쉬운 춘정도 얹어 / 사정없이 두드린다 / 물에 발 담그고 / 옷가지 휘휘 휘둘러 / 살림살이 쥐어짜듯 / 흔들어 가며 꼬아 짠다 / 젖통 부여잡고 보채는 젖먹이 / 아무렇게나 뒤로 밀치고 / 풀어헤친 긴 머리 손질하며 / 모양내기 정신없다 / 입은 입대로 구시렁구시렁 / 온 동네 이야기 마구 섞인다 / 정겨운 웃음소리 고샅을 누빈다

남정네들 사랑방보다 더 속 깊은 / 이야기꽃이 만발하는 곳 / 산정말 빨래터 / 너럭바위 뒤에서 / 백옥 같은 허벅다리 속살 훔쳐본다 / 납작 엎드려 눈에 불을 켜고 본다

오늘은 / 검은 물길마저 자취를 감춘 / 텅 빈 빨래터 / 부질없이 봄바람만 맴돈다 / 숨지 않아도 보는 이 없다

—「빨래터(김홍도의 풍속화 감상)」 전문

이 시에는 김홍도의 풍속화 '빨래터'를 보고 그 분위기를 회화적으로 묘사하고 있다. 물론 이러한 시들은 다른 시인들에 의해서도 씌어졌다. 그러나 이 시는 실제로 화가의 입장에서 그것을 표현한 경우로 다른 시들과 차이점이 반드시 있을 것이다. 이 시에 활력이 돌고 생동감이 이는 것은 바로 그러한 이유일 것이다.

위의 시에는 구성진 가락과 함께 서민들 삶의 모습이 매우 박진감 있게 묘사되어 있다. 여성들이 벌이는 축제로서의 빨래터

모습을 숨어서 은밀히 엿보는 남정네들의 호기심이 봄이 다가오는 대지 속에 스미어 풍요와 다산의 기대감을 한껏 부풀려준다. 시의 끝 부분에 "오늘은 / 검은 물길마저 자취를 감춘 / 텅 빈 빨래터 / 부질없이 봄바람만 맴돈다 / 숨지 않아도 보는 이 없다"의 마무리가 보여주는 미학적 효과가 눈에 띄는데, 이는 한시에서 주로 사용하는 전경후정(前景後情)의 기법으로 파악된다.

낙화암(落花岩) 기슭 산벚꽃 화사하니
백마강(白馬江) 황포돛대 엄청 부산타

가을이 아니라도 지는 인생
서둘러 낙화된 병풍바위 등지고
가슴 펴고 점잖이 뒷짐 진 채
강에 빠진 역사 새기며 읽는다

물에 손 담그고
촉촉한 춘심 삭이는 여인
그윽한 눈길 주며
들뜬 가슴 숨죽여 두드린다

바람에 한껏 부풀린 가슴
젓대소리에 제 눈 가리고
원앙(鴛鴦)도 아닌 자웅(雌雄)이 엉겨
허접한 업보 막무가내 쌓는다

여전히
물새는 강물 위를 낮게 나는구나

— 「주유청강(舟遊淸江)(신윤복의 풍속화 감상)」 전문

이 시에서도 화가로서의 관심이 드러나고 있다. 백마강에 배를 띄우고 벌이는 뱃놀이 광경이 해학적으로 묘사되어 있다. 봄을 대변하는 산벚꽃의 만개가 그림의 전반적인 분위기를 제시한다. 그만큼 봄의 기운이 절정에 도달해 있다. 그러나 뱃놀이에서 남녀의 어울림에 대해서 양동길 시인은 "원앙(鴛鴦)도 아닌 자웅(雌雄)이 엉겨 / 허접한 업보 막무가내 쌓는다"고 함으로써 그것을 여흥쯤으로 이해하기 보다는 짐짓 경계하고 있다. 그런 점에서 그의 시에서는 그림을 단순히 수동적인 입장에서만 바라보는 것은 아니다. 그 안에는 자신의 세계관도 담고 있는 것이다.

이 시도 또한 전경후정의 한시 미학을 바탕으로 형상화하고 있다. 마지막 연의 구성이 참신하게 읽힌다. "여전히 / 물새는 강물 위를 낮게 나는구나"에서 시인의 감상과 느낌을 압축해 보임으로써, 그림과 그 그림을 보고 있는 시인의 정서가 어우러진 주객의 합일을 이루는 것이다.

그러나 우리는 양동길의 시적 성과가 드러나는 경우로 다음의 시들에 대하여 눈여겨보지 않을 수 없다. 그것은 자연 이미지를 통해서 서정의 세계와 서경의 세계가 조화를 꾀함으로써 얻어진 성과이다.

> 겨울이
> 깊은 산간에 동아리 틀면
> 굵어진 손가락 마디마다
> 봉오리 가다듬네
> 살 에는 하얀 눈, 찬바람
> 짙은 그늘 두려워

한 발 앞서 맞섭니다

겨우내 쌓인 설움
이른 봄 바지런히
마음껏 터트리네
고운 꽃잎은 고난의 두께지요

아픔 없이 피는 꽃이 어디 있나요
봄이 아니라도 언젠가 활짝 피워요
우리 모두 저 나름 색깔 있는 꽃이에요
부질없이 피는 꽃이 어디 있나요

—「목련」 전문

이 시는 단정한 이미지가 화자의 차분한 어조와 어울리며 좀 더 세련된 표현으로 나타난 경우이다. 시인은 봄 앞서 피어난 꽃들을 통해 우리 생의 의미를 돌아보고 있다. "아픔 없이 피는 꽃이 어디 있나요". 이 한 행 속에 모든 주제가 담겨 있다. 인간사 우리 모두는 꽃이요 빛인 것이다. 그러므로 "부질없이 피는 꽃이 어디 있나요"에서 알 수 있듯이, 각자의 가치와 소중함에 대해 눈을 뜨게 하는 것이 봄이 일깨우는 정서라 하겠다.

한편으로는, 양동길의 시에서 자연물을 통해서 우리의 생을 알레고리로 재치 있게 보여주는 경우도 있다. 이러한 경우 시를 읽는 재미와 감동은 대단히 크다.

썰물이 훑고 지난
진흙갯벌 숨구멍
망둥이 튀어 올라

무너진 집을 손질합니다
밀물 때 다시
잠길 것을 알지만
껑충껑충 뛰고 놉니다
집을 옮기지 않는 것은
그것이 삶이기 때문입니다

우리는
파도에 맞서 방조제를 만듭니다
무너질수록
더 높이 성처럼 쌓습니다
성벽이 안전하다고 믿다가
쓰나미 한번에
수많은 생명을 잃지요
성이 높아질수록
파도도 커지기 때문입니다

—「망둥어」 전문

이 시에서는 비유의 효과를 톡톡히 노리고 있다. 망둥어의 생태적인 면을 관찰하고 그곳에서 자연으로 열린 지혜를 깨닫고 있기 때문이다. 망둥어란 흔한 어종으로 우리에게는 하찮은 존재로 인식된다. 또한 주변의 상황에 동조되어 덩달아 뛰는 행위로 자기주장이나 주체성이 없는 존재로도 읽힌다.

그러나 나는 이번 시집에서 다음의 시들을 주목하면서 해설의 제목으로 '궁남지에 고인 사랑'을 떠올린다. 양동길의 시에는 부여의 역사적 공간으로서의 이미지와 '궁남지'에 대한 관심이 자주 등장하고 있다. 나는 그 가운데서 앞으로 양동길의 시적 가능성을 보기로 한다.

연꽃들이
물속에 숨자
명패만 덩그러니
물위를 건네

수련
백련
개연
가시연

세상에 어떤 이름도
스스로 지은 것은 없다하네

—「겨울 궁남지」 전문

이 시에 드러난 연꽃의 모습은 매우 암시적이다. 연꽃은 물속으로 숨고 그 꽃들의 이름을 새긴 명패만 덩그러니 물 위로 나와 있다. '수련, 백련, 개연, 가시연' 등등. 이어지는 마지막 연 "세상에 어떤 이름도 / 스스로 지은 것은 없다하네"에 이 시의 주제가 들어 있다. 이름은 자신이 아무리 치장한다고 해서 얻어지는 게 절대 아니라는 것이다. 스스로의 가치와 아름다움이 안으로 가득 차서 자연스럽게 밖으로 넘쳐날 때 저절로 이름이 된다는 것이다.

정월 보름 떠돌던 연들이
내려앉은 마래못

그 벅찬 여름 뒤
모로 눈 줄기 사이
연밥 줍는 물오리 한 쌍
풍덩풍덩 고단한 삶 담아
황망히 물질도 하네

쭉 빠진 항아리, 깨져서야
거친 속내 드러내듯
얹은머리 내리고서야
푸른 듯 검은 물빛
반짝반짝 노을에 부서지고
지천으로 널려 반감됐던 가슴에
번잡했던 그 시절 어른거리네

저녁연기 드러눕는
장삼 벗은 버들길
팔짱낀 선화공주 홀로 서성일 때
사랑이 가야 사랑을 알고
떠나고 나서야 소중함 깨닫는
부득부득 꼬인 심사
포룡정 대보에 서동이 풀어쓰네

—「서릿가을 궁남지」 전문

위 시에는 양동길 시인의 화가로서의 재치와 소리꾼으로서의 장단이 어우러진 한 폭의 동양화를 연출하고 있다. 서리가 내린 가을 궁남지에 어리는 풍경이 담백하다. 그 풍경 안에서 우리는 화려한 순간의 영화(榮華)를 다 떠나보내고 홀로 남은 선화공주의 심사를 읽을 수 있다. 바로 그것이다. 궁남지에는 무엇보다 연꽃이 떠오른다. 연꽃이란 시궁창에 서서도 아름다운 꽃봉오리를 이 세상으로 밀어 올리는 꽃이다. 세상의 시련과 고통을 다 정화시켜서 희고도 향기롭게 피어나는 연꽃. 바로 그러한 것이 양동길의 시가 아닐까 생각한다. 아닌 게 아니라 그는 시 「연꽃의 노래」에서는 "시궁창 깊숙이 발 담그고 / 밤낮없이 어르고 걸러낸다는데 / 무더위 더할수록 냄새 짙어지니 / 한여름 다소곳 꽃 피운다네"라고 노래한다.

앞으로 양동길은 이러한 방향으로 좀더 시적 전개를 펼쳐가기 바란다. 그의 삶이 딛고 선 토대를 넘어 새로운 희망과 꿈이 열리는 세계를 추구해주기 바란다. 그게 바로 궁남지에 고인 사랑일 것이다. 그의 시심 한가운데에 고여 있는 궁남지에 맑고 웅숭깊은 정신이 깊어지는 시간을 통해서 그의 시 속으로 더 큰 사랑이 흘러넘치기를 바라는 것이다.

3.

이제 글을 마치는 시점에서 동길 형은 나와 약속하자. 약속하자. 이 첫 시집은, 그동안의 시심으로 가득 찬 김장독을 덮고 있는 우거지를 걷어내는 것이라고. 그리고 곧 이어 제2시집, 제3시집, 제4시집으로 이어지는 문학의 열정이 꼭 한번은 폭발하여 양동길이 시인이라고, 그동안 그것을 보여주고 싶어서 에둘러 왔노라고 그렇게 선언하자. 선언하자. 그가 그렇게 약속한다면 우리는 그것을 기대해도 좋을 것이다. 왜냐하면 그는 한다면 반드시 하는 사람이기 때문이다. 그리고 다음의 시에서 우리는 그 가능성을 읽을 수 있기 때문이다.

서산 넘은 해가 땅거미 거두면
뜰 안 가득 차고앉은 여름밤
약속도 없이 등 떠밀려
둥구나무 아래 멍석을 편다네

모깃불 연기 서너 번 쓸고 지나면
개다리소반에 얹혀 온
얼음 띄운 열무국수 한 저붐
온 동네사람 지친 몸을 달랜다네

우물에 담가뒀던 수박을 쪼개
찐 감자도 내오고
쑥 개떡도 나누고
막걸리 사발도 돌린다네

뉘 것 뉘 덕이면 어떠랴
나눌수록 정겹고 따사로운 것
아직 많이 남은 여름을
서로서로 알뿐이라네

길가에 풀벌레
앞산 마루 멧새소리
깊어가는 여름밤
다 해진 살 부채도 더없이 살갑다네

—「지난 여름밤」 전문

시를 쓰는 일의 소중함을 다시 한 번 새겨본다. 우리 생의 순간들은 기억 속에 머물다 조만간 사라질 것이다. 기억이란 희미해지기도 하면서 언젠가는 우리의 생과 함께 영원히 사라지고 만다. 그래서 기록이 존재하는 것이다. 그 기록이 문학으로 몸을 바꿀 수 있다면 그것은 영원히 그리고 가치 있게 우리에게 다가올 작품이 되는 것이다.

양동길 시인의 삶도 이제 좀더 깊이 있는 시 쓰기를 통해 새로운 세계로 승화되기를 기대한다. 내가 이 첫 시집을 기뻐하는 것은 그러한 미래가 이미 우리 가까이 와 있기 때문일 것이다. 양동길 형의 첫 시집 『다시 산이 된 다랑논』 발간을 진심으로 축하드린다.

다시 산이 된 다랑논

양동길 시집

발 행 일 | 2015년 10월 27일
지 은 이 | 양동길
발 행 인 | 李憲錫
발 행 처 | 오늘의문학사
출판등록 | 제55호(1993년 6월 23일)
주 소 | 대전광역시 동구 대전로 867번길 52(삼성동 한밭오피스텔 401호)
전화번호 | (042)624-2980
팩시밀리 | (042)628-2983
홈페이지 | http://www.lito77.co.kr(홈페이지)
전자우편 | hs2980@hanmail.net

공 급 처 | 한국출판협동조합
주문전화 | (070)7119-1741~2
팩시밀리 | (031)944-8234~6

ISBN 978-89-5669-710-9 03810
값 10,000원

* 이 책은 ㈜교보문고에서 E-Book(전자책)으로 제작 · 판매합니다.
* 잘못 제작된 책은 바꾸어 드립니다.